LETTRE

DE

MONSIEUR A. F......

A SON FILS E. F.....,

Capitaine à la 4me Compagnie du 2me Bataillon
du 5me Régiment de génie.

BISKRA

(Province de Constantine).

Mon cher Enfant,

Grande a été ma joie, en apprènant ta nomination comme capitaine, à la suite de l'expédition qui a été dirigée contre les tribus des Nemanchas, des Brarchas et les Ouled-Rehaïd. J'ai reçu à cette occasion les félicitations de tous nos amis, et j'avoue que j'étais fier d'entendre l'éloge qu'on faisait de toi. Si, comme on me l'annonce, la situation de ta province est satisfaisante, et que le calme soit rétabli, si toutes les tribus, profondément remuées par l'insurrection, rentrent peu à peu dans leur état normal et acquittent les contributions de guerre qui leur ont été imposées, j'ai l'espoir que tu pourras venir au printemps nous montrer tes deux épaulettes, et recevoir de vive voix l'expression de mon entière satisfaction au sujet de ta courageuse conduite. Plusieurs faits, que ta modestie avait cru devoir me taire, me sont parvenus indirectement; aussi je suis heureux d'avoir à constater que si l'armée française a été malheureuse, elle a toujours conservé le sentiment de l'honneur et du devoir.

Persévère, mon cher fils, et n'oublie pas, dans ta carrière, que le premier devoir de celui qui est appelé à commander, est de donner lui-même l'exemple de l'obéissance aux ordres de ses supérieurs.

Que ne puis-je te dire que le calme est aussi revenu en France, je le voudrais assurément, mais par malheur, il n'en est rien. Nous sommes toujours dans l'inquiétude, dans le malaise, et nul ne peut prévoir la fin de la crise que nous traversons.

Depuis ma dernière lettre, qui t'annonçait que la santé de ta pauvre mère s'était améliorée, et je suis heureux aujourd'hui de te confirmer cette bonne nouvelle, nous avons eu des élections générales; il s'agissait de nommer des conseillers à l'Assemblée départementale. Dans notre canton du Vésinet, nous avions deux candidats : l'un, monsieur Pauper, porté par les honnêtes gens de tous les partis, dont le nom était le symbole du travail, de l'ordre et de la vraie liberté; l'autre, le citoyen Joly de la Joly, porté par les ambitieux, les déclassés, les fainéants et les niais, et dont le nom était le symbole de l'incapacité, du désordre et de l'agitation.

La nomination de ce dernier a eu lieu à une grande majorité. Elle a été due aux manœuvres déloyales et infâmes de ses agents électoraux, recrutés parmi les communards en renom du chef-lieu, et les banqueroutiers du canton. Ces misérables, qui ont pour les honnêtes gens l'horreur instinctive qu'ont les voleurs pour les gendarmes et les maraudeurs pour les lanternes, parcouraient les campagnes en disant aux paysans, que s'ils nommaient le citoyen Joly de la Joly, ils ne payeraient plus d'impôts, ne donneraient plus de prestations, et seráient exempts du service militaire; enfin ils ne craignaient pas d'affirmer que les biens des *gros* (comme ils disent) deviendraient la propriété de ceux qui ne possèdent pas. M. Pauper était représenté comme un homme sans foi, sans conscience, qui devait. le lendemain. du jour où il aurait été investi de son mandat, appeler Henri V sur le trône, faire revivre les dîmes et les corvées, et appesantir un bras de fer sur la tête du peuple.

Tel était le langage de ces garnements, dont une pièce de monnaie soldait l'infamie, et qui, suppôts de l'Internationale, promenaient leurs mensonges dans nos campagnes et y semaient l'imposture.

Distributeurs d'un journal dans lequel un faux laboureur de la commune de la Moutarde, aussi inepte que scélérat, avait fait paraître uné lettre dans laquelle monsieur Pauper était indignement calomnié, et cela la veille des élections, alors qu'il n'était plus possible de répondre. Ces êtres abjects inondèrent le pays de cet écrit stupide, dont la véritable place est au panier aux ordures. Cependant, quelle différence entre les deux candidats ! Ce laboureur postiche ne connaît pas plus monsieur Pauper qu'il ne connaît la manière de se servir de la charrue ; il en aura entendu parler par quelque fainéant, et ils ne sont pas rares dans la commune de la Moutarde. Je peux t'assurer, mon cher Ernest, que ce n'est pas un paysan, qui se brûle la figure au soleil en travaillant, qui a écrit cette bêtise ; le drôle en question doit aller plus souvent au café que dans les champs ; on pourrait même lui dire : « Ecrivain en patois, a-t-il fallu toute la bouteille d'absinthe pour accoucher de votre sotte élucubration ? Dans quel ruisseau boueux trempez-vous votre plume ? » Malgré toutes ces manœuvres, toutes ces infamies, malgré cette pression exercée sur les esprits, le bon sens de nos populations eût assuré le succès de monsieur Pauper. Nos gredins le comprenaient ; aussi s'empressèrent-ils, le jour des élections, dans les plus fortes communes et principalement au chef-lieu de canton, de peser, la menace à la bouche, sur les électeurs qui n'étaient pas porteurs de leurs bulletins.

Un comité de choix, composé d'un jouvenceau qui ferait bien mieux de chercher à fixer un voile sur les affaires du papa, et essayer de consolider un crédit ébranlé, plutôt que de s'occuper de celles de la République, d'un disciple de Vulcain dont la bêtise est aussi complète que la nudité de son crâne, d'un grand adorateur de Vénus qui cependant ne lui a pas prodigué ses grâces, mais qui toujours en quête de nouveaux exploits, espère pêcher dans l'eau trouble de quoi contenter son Aspasie, d'un monsieur dont la figure ne respire que la ruse et la cupidité, et dont le souvenir de l'année 1843 trouble toujours le sommeil, d'un gros amas de chair, produit graisseux de honteuses complaisances conjugales, qui n'a à son service qu'une bouche pour engouffrer des viandes et vomir des ordures, du gendre de ce dernier dont l'Internationale solde toutes les digestions ; ce comité, dis-je, avait délégué, le jour des élections, plusieurs de ses

membres pour venir en aide aux agents subalter-
nes Grandprêtre et Bourbonnais. Aussi, pou-
vait-on les voir apostés au coin de chaque rue,
arrachant des mains de nos braves vignerons
tous les bulletins qui portaient le nom de monsieur Pauper, les faisant suivre jusque dans
la salle de la mairie, où ils votaient sous les yeux
de ces énergumènes, avec les bulletins qui leur
étaient imposés.

Quelques-uns, voyant qu'ils n'étaient pas
libres, s'abstinrent de prendre part au scrutin,
mais le plus grand nombre n'osa pas résister aux
menaces de ces détrousseurs électoraux. Sans
cette intimidation, sans cette pression, sans ce
vol, il n'était pas possible que monsieur Pauper
n'eût pas la majorité des suffrages, et tu le com-
prendras aisément, mon cher Ernest, lorsque je
t'aurai mis au courant des positions sociales de
monsieur Pauper et du citoyen Joly de la Joly.

Sans parler de tous les titres que monsieur
Pauper avait à la confiance publique, à qui
pourrait-on faire croire que le peuple de nos
campagnes, le peuple de ces travailleurs qui
n'aiment que le positif, auxquels il est très-diffi-
cile de jeter de la poudre aux yeux, que l'ouvrier
de nos petites villes, l'ouvrier intelligent, labo-
rieux et économe, qui sait qu'il ne doit rien atten-

dre que du travail et de la tranquillité, à qui
pourrait-on faire croire qu'il eût voulu nommer
pour gérer ses affaires, un homme qui malheu-
reusement pour lui n'a jamais su faire les sien-
nes, qui a dévoré une grande fortune dans les
orgies et les folles entreprises, un homme inca-
pable et pesant, sans instruction solide, sans
principes ni en morale ni en politique et qui a
porté malheur à tous ceux qui l'ont approché?
Ce serait méconnaître entièrement le bon sens
de nos populations. Ses chers amis comprenaient
que c'était un gros morceau à faire avaler,
aussi faisaient-ils patte de velours en disant :
« Oui, il a mangé son bien, mais il l'a mangé
avec vous, avec le petit, avec le peuple; sachez-
lui gré de ce qu'il s'est ruiné pour vous, votez
pour ce brave homme? En vérité, je ne vois pas,
parce qu'il a plu au citoyen Joly de la Joly de
faire souvent la noce avec Grandprêtre, Bourbonnais, feu un ancien menuisier de la Moutarde et autres drôles *ejusdem farinæ*, de
payer à boire et à manger à certains imbéciles
et fainéants qui devraient avoir la pudeur de
rester chez eux et de travailler, au lieu de se
mettre aux crochets de cet homme qui a le plus
grand besoin de ses ressources, je ne vois pas
que le peuple ait beaucoup profité de son bien,

et qu'il lui doive pour cinq centimes de reconnaissance. Si le citoyen Joly de la Joly a aimé toute sa vie à réunir autour de la table d'un cabaret des paresseux et des mangeurs comme lui, c'est tout simplement parce qu'il n'aimait pas à boire seul l'eau-de-vie et le café, et qu'il était fier de pérorer au milieu de gens dont il achetait l'attention et le silence par des tournées successives de Raspail ou autres saletés semblables. Est-ce donc aussi dans l'intérêt du peuple, et non pour son agrément, que ce nouveau Don Juan rustique a peuplé tous les bois de ses produits ? Est-ce donc dans l'intérêt du peuple que ces jeunes filles, poursuivies autrefois par cet Almaviva champêtre, sont devenues ces malheureuses qu'on rencontre dans les foires et les marchés, allant du café à l'auberge, de l'auberge au cabaret, à la recherche de ce gros et infidèle amant, espérant obtenir de lui un morceau de pain, prix de leur déshonneur passé ?

Ce qui prouve, mon cher enfant, que je suis dans le vrai, c'est que dans la commune où il habite, où il est parfaitement connu, où tout le monde le juge d'après son mérite, il a obtenu à peine une trentaine de voix sur 160 votants. Aussi a-t-il été furieux. Il a adressé aux honnêtes habitants de Cognat-les-Granges, une lettre modèle d'ânerie sans exemple, et de fautes de français.

Je l'ai en ma possession et te la montrerai lorsque j'aurai le bonheur de t'embrasser au printemps prochain ; nous en rirons ensemble. Pourquoi ce gros niais ne garde-t-il pas le silence ? Pourquoi, dit-il, qu'on lui a fait un affront ? Ah ! c'est que dans votre commune, citoyen Joly de la Joly, on vous connaît, et que ceux que vous appelez des moutons, ont encore plus peur des loups, qu'ils n'ont peur des chiens et des bergers. Les chiens et les bergers ne dévorent pas les moutons, au contraire ils ont des dents et des bâtons pour les défendre des loups, et comme vous n'avez pu surprendre ces moutons qui ont la tête très-dure, vous vous retirez le poil hérissé suivi de tous vos louveteaux, maudissant les honnêtes gens que vous appelez les chiens et les bergers.

La rage vous a arraché cette diabolique insinuation à l'égard du plus honnête, du plus loyal, du plus intègre des hommes, le maire de votre commune, et si vous aviez été susceptible d'en comprendre toute la portée, vous seriez aussi criminel que Verdure et Trinquet, ces deux cliques communardes. L'idée d'écrire ce joli petit chef-d'œuvre épistolaire a dû vous pousser au café de la mesure immaculée, à votre vingt-quatrième biter environ, ou chez Madame Pierre à la quinzième Bordeaux, au moment du fromage que vous n'aimez pas à ce que vous dites, et cependant il y en a qui pue beaucoup. Quant à votre amitié dont vous voulez gratifier les moutons, en les assurant que vous ne leur en voulez pas, à bas les pattes, Azor, pas tant de familiarité! gardez votre vin, vos sourires, vos grâces, vos caresses pour vos acolytes Bourbonnais, Grand-prêtre et compagnie. Les paysans n'ont jamais gardé les..... dindons avec vous.

Non, ils ne vous nommeront jamais à Cognat-les-Granges; ils sont trop proches de la commune du Poivre, berceau de votre illustre famille, ils vous connaissent trop, vous, vos amis et votre maison qui n'est qu'une boutique, et ils ne consentiront à vous donner leurs voix qu'en un jour de carnaval, où il s'agirait de vous nommer directeur d'un bastringue quelconque, pour vous voir ripailler, vous et les vôtres, et dans le but seul d'inspirer à leurs enfants, comme autrefois à Sparte, l'horreur de la bamboche et de l'ivresse.

Le contraire, mon cher enfant, s'est passé dans notre commune de Saint-Gilbert, où, comme tu le sais, habite M. Pauper. Sur 220 votants, il a eu près de 200 voix. Ah ! c'est que lui et les siens sont aimés dans la commune! Possesseur d'une grande fortune dont il fait le plus noble usage, M. Pauper, d'un caractère doux et conciliant, s'attache à rendre heureux tous ceux qui l'entourent ; aussi, sa maison ne renferme-t-elle que de vieux serviteurs. S'occupant de ses propriétés, et par conséquent de ceux qui les cultivent, ne les accablant ni d'impôts, ni de charges, ses métayers, dont la plupart sont nés dans la propriété, vivent heureux en travaillant et sont tous dans l'aisance. Les pauvres connaissent aussi la maison de Saint-Gilbert : s'ils sont malades, tous les soins nécessaires leur sont prodigués, médecins, remèdes, rien ne leur manque, et une digne femme dont la modestie est aussi grande que la charité, se charge pendant l'hiver de vêtir, chausser, nourrir tous les malheureux. Ah! mon cher ami, cette manière de dépenser son argent pour le peuple, de soulager l'infortune, ne vaut-elle pas mieux que d'aller se gorger de victuailles avec des gourmands et des paresseux, et chercher dans les cabarets une popularité malsaine.

Voilà l'homme qu'on a représenté comme l'auteur de la guerre, auquel on a reproché d'avoir été le valet complaisant du pouvoir! En vérité, la colère envahit le cœur en voyant intervertir les rôles de la sorte, car si on a eu le tort sous l'Empire d'entreprendre une guerre alors que nous n'étions pas prêts (la suite prouvera si nous pouvions l'éviter). Pourquoi a-t-on continué cette guerre? Pourquoi ce fou, ce dictateur, lui le vrai valet complaisant des communards dont les crimes nous ont conduits à l'incendie, au pillage, à l'assassinat et à la ruine, vous a-t-il envoyé vous, nos enfants, vous faire tuer à l'ennemi, avec des souliers aux semelles de carton, des cartouches remplies de sable, et sans pourvoir à votre nourriture? Pourquoi n'a-t-il pas consulté la nation?

Tu as été témoin, mon cher enfant, de cette affreuse désorganisation, tu as vu ces milliers d'hommes périr de faim et de froid. Comment as-tu pu échapper à la mort? Je remercie chaque jour le ciel de t'avoir laissé à ton vieux père. Hélas! tous ne sont pas aussi heureux que moi.

Enfin, à l'heure qu'il est, le citoyen Joly de la Joly est en possession de son mandat; Dieu veuille qu'il lui soit léger et qu'il puisse tenir toutes les promesses qu'il a faites, nous reviendrions en plein âge d'or. Des affiches vertes, couleur de l'espérance (un bouchon suspendu à sa porte eût cependant bien suffi), indiquent l'heure des audiences de ce monsieur qui joue au personnage et qui n'aura jamais mieux été à sa place qu'à l'époque des concours, au milieu des bêtes couronnées. Sous peu il partira pour la ville de La Farine, notre chef-lieu. Je pense que le Président n'aura pas à lui imposer silence, ou bien on le changerait en route; car je gage avec qui voudra qu'il ne saurait ouvrir la bouche pour prendre part à la moindre discussion. En revanche, il n'en sera pas de même dans l'établissement du marchand de vins auquel il accordera sa confiance. S'il trouve une bonne idée au fond de chaque verre qu'il videra, ce sera le plus brillant rapporteur de toutes les Commissions; mais s'il en trouve une mauvaise, assurément il se fera mettre au poste comme obstacle à la circulation publique. Son rôle se bornera à répondre présent à l'appel nominal, et à apposer sa signature au bas du procès-verbal. Il n'aura même pas le mérite aux yeux de ses électeurs, d'avoir fait une proposition pour tout changer et tout désorganiser, mais il signera. Voilà où nous en sommes réduits en France, mon cher enfant, au moment où le gouffre de la ruine s'ouvre béant sous nos pas, au moment où le feu de nos discordes civiles va éclater menaçant et terrible, et envelopper dans son immense brasier le peu qui reste des forces vives et intelligentes de la nation. Ce que tu m'écris dans ta lettre au sujet des Arabes qui, en parlant de nous, disent que nous sommes *mabouls*, c'est-à-dire fous, ne m'étonne pas. C'est dur à entendre de la part d'un peuple qui n'est pas civilisé, mais ils ont parfaitement raison. Encore nous jugent-ils de loin, d'après le type fanfaron et vaniteux des quelques Français qui habitent la colonie. Que diraient-ils donc si, venant en France, ils nous étudiaient de plus près et s'ils connaissaient tous les vices qui rongent notre malheureuse société.

Pourraient-ils comprendre qu'un peuple vaincu, humilié comme nous l'avons été, puisse, au lendemain de ses désastres, étaler une indifférence aussi scandaleuse que la nôtre, se livrer à tous les plaisirs, afficher un luxe effréné et chercher dans le mot de trahison l'excuse facile de nos revers, alors que notre jactance, notre incapacité, notre désunion en face du danger, ont été les seules causes de notre ruine.

En voyant ce qui se passe chez nous, je suis convaincu que ces fils du désert croiraient que ce sont les Prussiens qui nous ont donné les cinq milliards d'indemnité ; leur bon sens refuserait à admettre que nous sommes les débiteurs de l'Allemagne.

Le respect des lois est foulé aux pieds, la désobéissance aux actes de l'autorité est ouvertement prêchée et les agents chargés de veiller à leur exécution, sont blâmés, ridiculisés par ceux-là même qui auraient intérêt à ce que le principe de la soumission aux lois ne reçût aucune atteinte, heureux encore quand ces agents ne trouvent pas la mort dans l'accomplissement de leur devoir.

Si on pénètre dans les familles, le spectacle est plus navrant encore : l'autorité paternelle est un mythe, et non-seulement les enfants n'ont pas d'égards pour leurs parents, mais ils les affligent de leurs irrévérences de chaque jour. Plus de réunions, plus d'esprit de famille, plus de travail, plus de politesse, plus de principes religieux, le cabaret, le jeu, les feuilles écrites dans les bouges, ont tué tout ce qui a fait notre force et nous a tenu si longtemps à la tête des nations civilisées. Plus d'amour pour son prochain, plus de respect de soi-même, jamais l'égoïsme n'a autant triomphé. Rapportant tout à soi, le cœur n'est plus généreux, n'a plus de ces élans qui enfantent les bonnes actions, et il en est de l'amour pour ses semblables comme de l'amour pour la Patrie, tout passe indifférent. Qui a versé une larme sur les malheurs de notre France agonisante?

N'ayant plus souci de sa dignité, sans honte et sans pudeur, l'ouvrier oublie qu'il doit être le soutien de la vieillesse de ses parents et il envoie son père mourir sur un lit d'hôpital. Mauvais fils, il ne sera jamais qu'un mauvais citoyen. Loin de l'humilier, sa lâcheté ne l'empêchera pas de marcher la tête haute en continuant ses visites assidues au eabaret; bien au contraire, on dirait qu'il a des droits à l'admiration publique. L'ambition, le luxe font perdre la tête aux hommes de toutes conditions et les poussent à la recherche de ce qu'ils appellent la richesse, tous sacrifient au veau d'or.

Cette modeste aisance d'autrefois, dont on se contentait, a fait place à un désir immodéré de paraître, et le bonheur a fui le foyer domestique pour ne donner asile qu'aux préoccupations, aux combinaisons de bourse, et par conséquent aux embarras de toutes sortes, résultant de toutes ces entreprises financières. Le négociant veut parvenir en quelques années à la fortune; au lieu de diriger son commerce avec prudence, au lieu d'aller lentement, il fera construire de suite de trop beaux magasins, étalera dans son intérieur un luxe exagéré pour sa position, embrassera diverses branches d'industrie, espérant arriver bien vite, mais il en embrassera tant, qu'un jour, à bout de ressources, la faillite sera déclarée. Se lançant à corps perdu dans le mouvement politique, il demande alors au désordre ce qu'il n'avait pas cherché à obtenir d'un travail modeste, persévérant, d'un labeur de chaque jour. C'est un homme perdu. En raison des folles dépenses auxquelles il se livre, le comptable des deniers publics, voyant ses appointements ne plus lui suffire, entasse emprunts sur emprunts pour dissimuler aux regards de ses chefs une comptabilité aux abois, et il ne cesse de faire des dupes que le jour où il passe la frontière, nanti des fonds du trésor; le caissier infidèle prend chaque jour la route de l'étranger. Le propriétaire, que ses revenus pourraient mettre à l'abri de tout besoin, s'il était sage et prévoyant, met chaque jour en vente l'héritage de ses pères, va demander au jeu le rétablissement d'une fortune démembrée, et ne songe plus à doter ses enfants qui végètent dans la misère. Un homme qui autrefois vieillissait dans l'étude des lois, cet ami, ce conseil, ce Dieu tutélaire des familles, aujourd'hui peu soucieux des intérêts de ses clients, est un agent d'affaires qui se lance dans les spéculations et les jeux de bourse. Amateur de chevaux, du luxe et des plaisirs, il n'étonne personne le jour où l'on apprend que l'étude est à vendre.

On ne connaît plus personne. Personne ne veut rester dans sa condition, ni se contenter du peu qu'il possède. Tout le monde veut parvenir, veut briller et arriver au plus vite, mais personne ne veut prendre le seul chemin qui aboutisse, parce qu'il est le plus long : le chemin du travail. La persévérance, la lutte, les privations ont fait place aux chevaux, à la bonne table, aux femmes, à la toilette. Aussi, lorsqu'arrive la détresse, ces insensés, prenant en haine la société et la maudissant de ce qu'elle assiste impassible à leur ruine, la rendant responsable de leur misère, aveuglés par leurs passions qu'ils ne peuvent plus satisfaire, passent-ils dans le camp des mécontents, puis dans celui des misérables fauteurs des bouleversements et des agitations, et vont-ils ensuite grossir les rangs de l'Internationale.

Joins à cela, mon cher ami, des écrivains de bas étage, prostituant la liberté sacrée de la presse, versant chaque jour le poison dans les masses, s'étudiant à flatter les passions de ceux auxquels ils s'adressent, et sollicitant, lorsqu'ils jugent la

corruption complète, un mandat pour aller re-
présenter ces malheureuses victimes qu'ils ont
empoisonnées, et qui, abruties par leur perfide
venin, accordent ce mandat à la condition que
la coupe fatale sera présentée chaque jour à leur
ennemi, la société, tu auras de suite l'histoire
des soldats de la Commune à Paris. Juge que de
communards nous aurions en province, si jamais leurs frères triomphaient dans la capi-
tale.

Nous relèverons-nous de notre chute, je n'ose
l'espérer, mon cher ami; personne jusqu'à ce
jour n'a encore mis le doigt sur la plaie, et toutes les théories prétendues humanitaires que je
vois consignées dans tous les programmes, ne
contiennent que des mots sonores et vides de
sens.

Tant que l'esprit infernal des hommes battra
en brèche la religion et la famille, et que sous
le drapeau de l'instruction, il exercera sa haine
et son animosité contre ces deux principes, avec
l'intention de les anéantir, jamais nous ne nous
relèverons. Ce sera alors la confusion des lan-
gues, la barbarie remplacera la civilisation.

Dieu seul peut nous sauver ! lui seul peut
donner de nouveau la paix aux hommes de bonne
volonté. Et c'est parce que j'aime mon pays,

parce que j'aime mes semblables, parce que j'aime la liberté de toute mon âme, que j'appelle du plus profond de mon cœur le jour où il nous enverra un bras fort et honnête qui, tendant la main à la France frappée cruellement par ses propres enfants, l'abritera dans les plis d'un drapeau sur lequel nous pourrons lire comme devise — liberté et pardon. Tout ne sera pas dit encore, si, oubliant de s'appuyer sur la classe la plus intéressante et la moins bien partagée, le peuple des vrais travailleurs, des villes et des campagnes, refuge de l'honneur et de la loyauté, un gouvernement quel qu'il soit ne se montre sévère à l'égard de ces audacieux coquins, dont les bras assassins ont frappé tant de nobles victimes et fait périr tant de malheureux égarés.

Telles sont, mon cher ami, les pensées que me suggère notre position sociale. Tu me pardonneras l'imperfection d'un style que e n'ai voulu ni revoir, ni corriger. Je te le répète, ce sont les impressions de mon cœur et c'est sous sa dictée que je viens de les tracer, *currente calamo.*

Adieu, mon cher fils, nous t'embrassons tous, pense souvent à nous. En t'envoyant ma bénédiction, je n'adresse au ciel qu'une prière, c'est que tu restes toujours honnête homme.

Ton vieux Père,

A..F......

Clermont. — Impr. Ferd. Thibaud, rue St-Genès, 8-10.

www.ingramcontent.com/pod-product-compliance
Ingram Content Group UK Ltd.
Pitfield, Milton Keynes, MK11 3LW, UK
UKHW020009130726
13694UKWH00005B/2175